DE SIX SIGMA-METHODE

BELANGRIJKE INFORMATIE

- **Namen:** Six Sigma, 6 Sigma, 6 σ

- **Gebruik:** een kwalitatieve, kwantitatieve en gestructureerde benadering van bedrijfsbeheer.

- **Waarom is deze methode succesvol?** Deze methode is een nauwkeurige aanpak om belangrijke bedrijfsprocessen te verbeteren voor een betrouwbaarheid van meer dan 99,99%. Het doel is een gemiddelde van 3,4 defecten per miljoen defectkansen te bereiken (waarbij 3,8 sigma bijvoorbeeld overeenkomt met tienduizend defecten per miljoen).

- **Trefwoorden:**

  - <u>Klanten</u>: alle agenten die geïnteresseerd zijn in een product of dienst.

  - <u>Gebrek</u>: onvolkomenheid van het product.

  - <u>DMAIC</u>: managementmethode met als doel een product of dienst te verbeteren.

  - <u>Standaardafwijking</u>: variatie of spreiding van een variabele ten opzichte van een drempelwaarde (het gemiddelde).

  - <u>Projectbeheer</u>: aanpak die binnen een bedrijf wordt gebruikt om een project in verschillende fasen te organiseren.

DE SIX SIGMA-METHODE

Het verhogen van de kwaliteit en consistentie van uw bedrijf

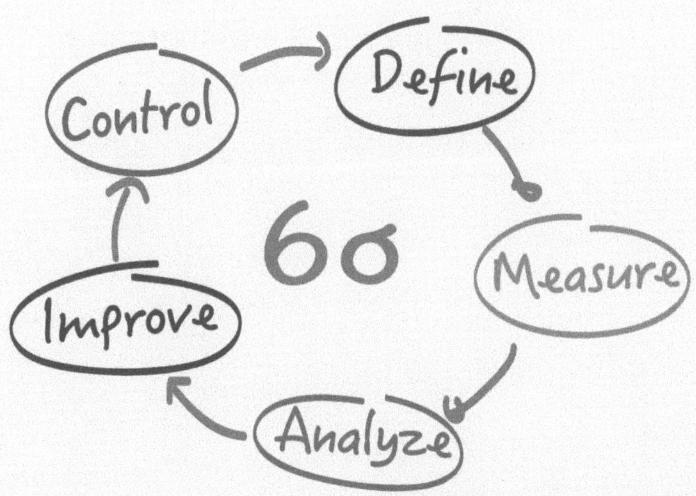

50MINUTES.com

DE SIX SIGMA-METHODE

Het verhogen van de kwaliteit en consistentie van uw bedrijf

geschreven door Anis Ben Alaya
vertaald door Nikki Claes

50MINUTES.com

- Informatie: gegevens die worden gebruikt om een volledig beeld te krijgen van een bepaalde situatie, zonder details weg te laten.

- Strategische doelstelling: gericht evenwicht, met acties die leiden tot een gunstige marktpositie.

- Statistisch instrument: analysemethode voor een databank, volgens een numerieke benadering.

- Prestaties: numeriek resultaat.

- Proces: verschillende productiestadia.

- Kwaliteit: bepalende kenmerken van een product.

- Sigma (σ): Griekse letter voor de standaardafwijking in de statistiek.

INLEIDING

Geconfronteerd met een productaanbod dat de klanten of het bedrijf onvoldoende of helemaal niet tevreden stelt, kan het bedrijf besluiten zijn workflow (productie, enz.) te herzien om de kwaliteit ervan concreet te verbeteren. De Six Sigma-methode maakt het mogelijk nieuwe doelstellingen te ijken en de kans op variatie binnen een proces te verminderen, nadat een gedetailleerde analyse is uitgevoerd om de gebreken te identificeren die de tevredenheid van zowel de klanten als de werknemers, maar ook van het bedrijf veranderen.

Geschiedenis

In het midden van de jaren tachtig kwam de Amerikaanse onderneming Motorola onder aanzienlijke druk te staan van Aziatische producenten, met name de Japanse, omdat haar productiesysteem, dat fundamenteel verschilde van de Aziatische systemen, niet langer geschikt leek voor de realiteit van de markt. Gedurende de jaren zeventig waren de Japanse fabrieken meer gericht geweest op duurzaamheid en betrouwbaarheid en zij boden daarom eenvoudigere modellen aan dan die van de Amerikaanse fabrieken die meer nadruk legden op kwaliteitselementen (modelontwerp, opties, enz.). De Amerikaanse fabrieken keken vervolgens naar inspecties om de producten te controleren (een onbetrouwbare en dure methode).

Geconfronteerd met een daling van de winst kozen de leidinggevenden van Motorola er vervolgens voor hun filosofie te wijzigen en statistische hulpmiddelen te combineren met leiderschapsprincipes om de basis te vormen van een alomvattend managementsysteem: Six Sigma. De resultaten waren onmiddellijk zichtbaar, want de kwaliteit van de producten verbeterde onmiddellijk. Het proces begon zich in de jaren negentig te verspreiden en werd overgenomen door General Electric, dat al snel de voordelen van deze managementmethode ondervond.

Tegenwoordig hebben de meeste grote bedrijven voor dit systeem gekozen, zoals Caterpillar, Kodak, SFR, enz. Six Sigma is een kwaliteitsstandaard geworden in de bedrijfspraktijk en wordt wereldwijd in veel businessschools onderwezen.

Hier volgen enkele voorbeelden van de voordelen van Six Sigma:

- Motorola heeft tussen 1986 en 1990 2,2 miljard dollar gekapitaliseerd;

- General Electric boekte in 1995 dankzij deze methode een resultaat dat schommelde tussen 7 en 10 miljard dollar;

- De Bank of America bespaarde honderden miljoenen dollars, halveerde haar looptijd en verkleinde haar foutmarges aanzienlijk, drie jaar nadat zij de methode in 2001 had ingevoerd.

Definitie van het model

Six Sigma is een analytische aanpak op basis van statistisch geverifieerde feiten die tot doel heeft de werking van een bedrijf (productie, administratie, enz., tegen lagere kosten) te verbeteren en de kwaliteit (betrouwbaarheid van 99,99%) van producten of diensten voor de klanten te waarborgen. Deze methode ontleent haar naam aan een specifiek statistisch instrument: standaardafwijking, weergegeven door de Griekse letter σ. In feite maakt Six Sigma gebruik van procesanalyse om een product te leveren in een "kwaliteitsgat" (d.w.z. niet meer dan 3 σ verwijderd van het gemiddelde) dat door de klant en het bedrijf wordt verwacht. Hierdoor kan het bedrijf de variatie en gebreken in het proces beperken.

THEORIE

Bedrijven die deze methode van kwaliteitsbeheer gebruiken om hun producten te verbeteren, concentreren zich op drie prioriteiten: klanten, werknemers en processen. Door de klanten prioriteit te geven, kunt u hen identificeren, hun verwachtingen kennen en anticiperen op de toegevoegde waarde die het bedrijf voor hen zou kunnen leveren. Dit lijkt vanzelfsprekend, maar toch hebben veel bedrijven de neiging te vergeten dat winst voortkomt uit klanttevredenheid. De andere twee prioriteiten moeten ook centraal staan in de onderneming, omdat verwaarlozing ervan indirect ontevredenheid bij de klanten kan veroorzaken – deze drie gebieden zijn met elkaar verbonden.

Six Sigma volgt twee methodologieën. Het gebruik ervan hangt af van de context waarin het bedrijf zijn productie wil uitbreiden: door uitbreiding of het creëren van een product.

DMAIC

Wanneer u Six Sigma toepast om de resultaten van een bestaand product of dienst te verbeteren, moet u zich houden aan het volgende proces, dat "DMAIC" wordt genoemd:

- **Definiëren**. Definiëren van klanten, verwachtingen, team charter met specifieke maatregelen voor het organiseren van de projectontwikkelingsfase, het algemene proces en de financiële resultaten.

- **Meten**. Meet en verzamel gegevens (defecten) van het proces.

- **Analyseren**. De verzamelde gegevens en het proces analyseren om problemen in verband met de huidige situatie vast te stellen.

- **Verbeteren**. Innoveer om potentiële oplossingen te identificeren en pas ze vervolgens op kleine schaal toe om te zien of ze de procesprestaties daadwerkelijk verbeteren.

- **Controle**. Controle, detaillering en uitvoering van een plan om ervoor te zorgen dat de verbetering op grotere schaal plaatsvindt.

DMADV

De DMAIC-methodologie wordt gebruikt om een bestaand product of dienst te verbeteren. Bij het ontwikkelen en ontwerpen van een nieuw product of dienst wordt een andere methodiek gebruikt: "DMADV" (Define, Measure, Analyse, Design and Verify).

De ontwerpfase in DMADV omvat het maken van het product of het opzetten van de dienst. Het team zorgt ervoor dat het product aan de eisen voldoet.

WAT IS SIX SIGMA?

Op technisch niveau is Six Sigma gebaseerd op de variabiliteitstheorie, wat betekent dat alles statistisch meetbaar is wanneer het wordt vergeleken met een continue schaal (gewicht, lengte, tempo, enz.) die een klokvormige curve volgt. Deze zogenaamde "Gaussische curve" is symmetrisch en vertegenwoordigt vrijwel 100% van wat wordt gemeten. Hij kan worden onderverdeeld in verschillende segmenten – standaardafwijkingen aangeduid met de Griekse letter σ (sigma) – die de variabiliteit bepalen, terwijl de as aangeduid met de letter μ (mu) het gemiddelde is dat elk proces benadert. Hoe zwakker deze variatie, hoe meer de productie overeenkomt met waarden die dicht bij de doelstelling liggen.

Bij de toepassing van Six Sigma worden de huidige prestaties gemeten en daartoe moet de sigma worden bepaald tussen het werkelijke gemiddelde en het μ-gemiddelde, dat de perfectie van het product of de dienst aangeeft en dus indirect de gemiddelde klanttevredenheid. Als men ontevredenheid van de klant beschouwt als een gebrek, aangegeven door een afstand van het optimale niveau van tevredenheid, betekent Six Sigma dat er slechts 3,4 defecten per één miljoen kansen zullen zijn. In deze context richt het bedrijf zich op de kwaliteit die de klant tevreden stelt om bijna-perfectie te bereiken: de top van de μ-curve. Statistisch gezien kan de variantie niet negatief zijn. De negatieve en positieve sigma drukken slechts de afstand uit tussen het product en de maximale gemiddelde kwaliteit waarmee de klant tevreden is.

Six Sigma (via goed procesbeheer) kan dus worden gebruikt om te bepalen hoe dicht het bedrijf bij de beste prestaties is.

Six Sigma moet echter niet worden beschouwd als een technisch hulpmiddel. Bedrijven die ervoor kiezen deze methode toe te passen, moeten het zien als een kans die hen in staat stelt alles te begrijpen wat moet worden gedaan om bijna perfectie te bereiken en de prestaties voortdurend te verbeteren.

Natuurlijk kan een bedrijf, zodra het zijn sigma begint te meten, snel ontmoedigd raken, vooral als het merkt dat veel prestaties zich bevinden in een interval dat afwijkt van het optimum (in een niveau met een absolute waarde van 1 of 2 σ). Echter, men moet deze methode zien als een "permanent ontevredenheidsbeleid" ten aanzien van de behaalde resultaten. In feite moedigt zij alle werknemers aan om de variaties voortdurend te verminderen.

PROJECTSPELERS

Naast de hierboven geschetste procedures mogen wij niet voorbijgaan aan de bijdrage van andere instrumenten die tijdens de verschillende fasen van de uitvoering van Six Sigma worden gebruikt (brainstorming, diagrammen, enz.) voor een constante verbetering en voortzetting van het proces. Meer bepaald nemen verschillende maatschappelijke actoren deel aan discussies en werken zij aan de uitwerking van de upstream-methode.

In de eerste plaats moet **het hoofd van de onderneming** op de een of andere manier betrokken zijn bij de invoering van de Six Sigma-filosofie en de verspreiding ervan in de hele organisatie, vanaf het begin. Het team dat verantwoordelijk is voor de uitvoering van het verbeteringsproces kan niet slagen zonder zijn volledige steun. Mensen die aan Six Sigma-projecten werken, maken gewoonlijk deel uit van de meest competente gebieden van de organisatie. De hiërarchie is als volgt opgebouwd:

- **Champions staan** garant voor het project. Zij helpen de Black Belts bij het selecteren van verbeteringsprojecten om aan te werken, schatten het potentieel ervan in en beoordelen de producten van het bedrijf in vergelijking met die van de concurrentie. De rol van Champions is te zorgen voor toezicht, ondersteuning en financiering van Six Sigma-projecten en leiding te geven aan het personeel dat nodig is om de projecten uit te voeren. De Champions zijn de pijlers van het project en daarom worden zij gekozen uit de beste mensen.

- **Black Belts** zijn de projectleiders en de enige mensen die voltijds aan het project werken. Het is niet ongebruikelijk dat zij een voorafgaande opleiding krijgen om hun opdracht beter te definiëren en de vijf fasen van de DMAIC-methodologie die tot Six Sigma leidt direct toe te passen.

- **Green Belts** assisteren de Black Belts bij het voltooien van het project. Zij krijgen ook training om het team in staat te stellen dezelfde taal te spreken en zo naar een gemeenschappelijk doel toe te werken.

Six Sigma is de eerste managementmethode waarbij de top van de piramide evenveel betrokken is als de onderkant. Het is een proces dat een bepaalde dynamiek in het bedrijf brengt.

BEPERKINGEN EN UITBREIDINGEN

BEPERKINGEN EN KRITIEK

Six Sigma wordt vaak gezien als een revolutionair en krachtig managementinstrument dankzij de prestaties van de vele bedrijven die het hebben toegepast. Zoals alle methoden heeft het echter enkele beperkingen, zowel methodologisch als terminologisch. Bovendien is er, zoals bij veel andere economische aspecten, een verschil tussen de theoretische en praktische aspecten. De Amerikaanse econoom George Eckes, specialist van Six Sigma, belicht de tekortkomingen die vaak bij de toepassing van de methode worden geconstateerd en geeft enkele aanbevelingen:

- **Bedenk dat kwaliteitsverbetering niet alleen voortvloeit uit verbetering van de statistieken.** Strengheid en discipline kunnen belangrijke troeven zijn, maar zij dekken niet alle middelen die nodig zijn voor het goede beheer en de verbetering van een proces. Six Sigma combineert een reeks complementaire gebieden en verwaarloost in geen geval het menselijke aspect, dat zowel een actor is (werknemers binnen de onderneming) als een doel (klanten die tevreden moeten worden gesteld). Dit aspect wordt vaak over het hoofd gezien bij toepassingen binnen een bedrijf.

- **Besef dat kostenreductie slechts één stap van het verbeteringsproces is.** Six Sigma bestaat niet uit het programmeren van kostenverlagingen voor strategische doeleinden. Integendeel, deze methode pleit voor efficiëntie en effectiviteit door de bedrijfsdoelstellingen opnieuw te richten op de verwachtingen van de klant, in plaats van een boekhoudkundige aanpak die de bekende kosten berekent en de gevolgen voor de klant verwaarloost.

- **Zorg ervoor dat verbetering wordt opgenomen in functiebeschrijvingen.** Het is niet altijd gemakkelijk om een proces in een bedrijf te hervormen om Six Sigma toe te passen. Werknemers of werkneemsters vinden vaak dat zij geen tijd hebben voor zo'n herbeoordeling en menen dat zij al voldoende tijd aan het bedrijf besteden. Toch is dit "overschot" aan tijd dat zij aan het werk voor het bedrijf besteden vaak te wijten aan ineffectiviteit en inefficiëntie. Dit komt niet noodzakelijkerwijs door de onwil van de werknemer, maar veeleer door het proces zelf.

- **Vergeet niet dat teamdynamiek een belangrijke oorzaak is van het mislukken van een project.** Hoewel het gemakkelijk lijkt om de teamdynamiek te beheersen, is dit een van de belangrijkste oorzaken van mislukking. Daarom is het belangrijk een solide basis te leggen. Daartoe moet de projectmanager de ins en outs van het project duidelijk uitleggen. Vergaderingen begeleiden, de agenda vaststellen en de respectieve rollen en verantwoordelijkheden bepalen zijn de uitgangspunten om ervoor te zorgen dat het project niet op wankele grond begint.

- **Bedenk dat de Black Belts niet volledig verantwoordelijk zijn voor de inspanningen.** Black Belts zijn bedoeld als teamleiders. Zoals hierboven uitgelegd, zijn het meestal mensen die getraind zijn in het gebruik van hulpmiddelen en technieken voor verbetering – bijna zoals operationele leiders. Het gevaar schuilt in het feit dat iedereen (ook de leiders van het bedrijf) zich losmaakt van de verantwoordelijkheden van het project, omdat zij zich voorstellen dat de binnenlandse deskundigen er zijn om Six Sigma te lanceren. De goede werking van een bedrijf komt echter voort uit teamwerk en alle hiërarchische managementfuncties zijn daarbij betrokken.

- **Beschouw Six Sigma als een verbetering van de continuïteit.** Een van de principes van de methode is om in continuïteit te werken en voortdurend te zorgen voor een kwaliteitsproces en niet om een team te vormen dat zich met Six Sigma bezighoudt zodra zich in het bedrijf een probleem van inefficiëntie of ineffectiviteit voordoet.

- **Zie het management als een actieve speler.** Wil Six Sigma werken, dan moeten de leiders van het bedrijf hun handen vuilmaken en zichzelf beschouwen als deelnemers aan het werk van het bedrijf. Het hogere management is zich ervan bewust dat het cultureel fenomeen een belangrijk element is in de bedrijfsvoering. Een van de sterke punten van Six Sigma is dat het een proactieve houding op alle hiërarchische niveaus aanmoedigt.

- **Wees u bewust van de veranderingen in de bedrijfsvoering.** Als veranderingen op strategisch niveau niet goed door het bedrijf worden beheerd, zullen de potentiële resultaten laag blijven.

VERWANTE MODELLEN EN UITBREIDINGEN

Lean Six Sigma (LSS)

Lean Six Sigma (LSS) is een uitbreiding van Six Sigma die steeds belangrijker wordt. Deze methode is meer gericht op het productieproces, terwijl Six Sigma zich vooral richt op het product zelf. Met dit verwante model kan men de werktijd en de wachttijden verminderen die nodig zijn om een effectiever proces op te zetten.

De strategische doelstellingen van dit model zijn:

- Verhoging van de toegevoegde waarde van procestaken;

- De tijd en kosten van het proces verminderen door activiteiten zonder toegevoegde waarde te elimineren waardoor processen soepeler verlopen;

- Verbetering van de kwaliteit van de producten volgens de klanten;

- Bevordering van de ontwikkeling van een cultuur van voortdurende verbetering binnen het bedrijf.

De belangrijkste actieterreinen zijn:

- Het definiëren van waarde en het identificeren van de stappen die deze waarde creëren;

- Identificatie en eliminatie van verspilling en verborgen kosten;

- Controle van variatiebronnen door de stappen van het proces te volgen.

Totale kwaliteitszorg (TQM)

Total Quality Management is een oudere benadering van kwaliteitsbeheer dan Six Sigma. Hun gemeenschappelijke doel is het mobiliseren van het hele bedrijf om een perfecte kwaliteit te bereiken, terwijl verspilling wordt tegengegaan en het eindproduct door prestaties wordt verbeterd. TQM richt zich op de klant – tevredenheid en loyaliteit – hoewel de praktijk van kwaliteitscontrole en zelfcontrole hier essentieel is.

De methodologie van het model is als volgt:

- **Plan.** Ontwikkeling van strategische doelstellingen en plannen ter verbetering van de planning.

- **Do.** Implementatie en toepassing van verbeterde productieprocessen.

- **Controle.** Tevredenheidsanalyse en kwaliteitscontrole van het product.

- **Wet.** Correctie van kosten en verspilling en controle van productiefasen.

Volgens de Amerikaanse projectmanager Frank Anbari is Six Sigma completer en uitgebreider dan TQM, omdat het financiële resultaten oplevert en geavanceerde analyse-instrumenten en managementmethoden combineert. Hij vat ook de relatie tussen de twee methodologieën samen: Six Sigma = TQM + klantgerichtheid + aanvullende instrumenten voor gegevensanalyse + financiële resultaten + projectmanagement.

PRAKTISCHE TOEPASSING

ADVIES EN TIPS

Wij zullen nu de hierboven geschetste DMAIC-methodologie toepassen om de bijdragen ervan binnen een bedrijf praktisch te visualiseren. Wil een bedrijf een strategische transformatie, zoals Six Sigma in gang zetten, dan moet het de volgende vijf stappen effectief integreren als leidraad.

- **Bepaal het doel dat moet worden bereikt voor verbetering.** Met deze stap kunt u het team sturen zodat alle leden in dezelfde richting gaan. Het ondersteunt ook de analyse van de verbanden tussen de verschillende fasen van het proces en dus het werk aan productverbetering, de identificatie van de behoeften van de klant en de inschatting van de verwachte resultaten. Het is belangrijk het project objectief te definiëren en het te kwantificeren met een databank. De fase van het verzamelen van gegevens is een cruciale stap, omdat deze dient als werkbasis voor het gehele project.

- **Meet het huidige productiegemiddelde.** Het is van vitaal belang te meten wat het proces kan produceren en het aantal defecten te evalueren. Zo kennen de Black Belts de frequentie van defecten en maken zij vergelijkingen met de concurrentie. Het is belangrijk zich te concentreren op de sleutelelementen, d.w.z.

die met de grootste invloed op de kwaliteit, van het proces. Deze stap maakt het mogelijk de sigma, de standaardafwijking van het proces, te meten die nuttig is om het verschil te zien tussen het huidige gemiddelde en de doelstelling, het perfect te bereiken gemiddelde.

- **Verder analyseren om vast te stellen wat de oorzaak is van de kloof.** De verkregen cijfers worden geanalyseerd om de prestaties van de processen te evalueren ten opzichte van hun vermogen en wat de concurrenten doen. Het doel van deze stap is het berekenen van prestatieverschillen (d.w.z. de verschillen tussen wat vandaag wordt gedaan en wat in de toekomst kan worden gedaan). We moeten dus de verkregen metingen analyseren, zoeken naar hoofdoorzaken, valideren, enz.

- **Innoveren om de standaardafwijking op te vullen en het gemiddelde te verhogen.** Tijdens deze stap moeten potentiële oplossingen worden voorgesteld om de in het proces aanwezige gaten te dichten en meer tegemoet te komen aan de prestatieverwachtingen van de klanten.

- **Controle van de nieuwe prestaties in termen van kwaliteit.** In deze laatste fase moeten laatste controles worden uitgevoerd om het bereikte kwaliteitsniveau te handhaven en een efficiënt en continu ontwikkelingsproces te garanderen. Daartoe voeren Black Belts bepaalde acties uit om de nieuw geïnstalleerde sleutelelementen in de workflow te handhaven. Zij moeten ook controleren of de teams het proces goed volgen, de resultaten meten en de werking van het plan valideren. Als zich een nieuw probleem voordoet, moeten Black Belts en hun teams in staat zijn terug te slaan en het proces onmiddellijk te herwerken.

Om al deze stappen samen te vatten: u moet het project definiëren, de huidige prestaties meten, via analyse problemen vaststellen, innoveren via relevante oplossingen en het geherconfigureerde proces controleren om ervoor te zorgen dat het probleem echt wordt opgelost.

 GOED OM TE WETEN

Volgens de Amerikaanse econoom George Eckes is het, om de strategische transformatie van kwaliteit goed uit te voeren en het proces effectief te beheren, nuttig om acht praktische stappen te overwegen:

- Samen een akkoord over de strategische doelstellingen vaststellen;

- Algemene processen, belangrijke subprocessen en uitvoeringsprocessen creëren;

- De Black Belts van de processen benoemen;

- Een strategie vaststellen waarin de verschillende teams de stappen en doelstellingen gedurende het hele proces bepalen;

- De nodige gegevens verzamelen voor de gekozen scorekaart;

- De selectiecriteria voor de projecten vaststellen;

- Projecten selecteren aan de hand van deze criteria;

- Het proces voortdurend beheren om de strategische doelstellingen van het bedrijf te bereiken.

PRAKTIJKVOORBEELD

Het project van onderneming X betreft de verbetering van een beslissingsondersteunend instrument (database) voor de verkopers, zodat zij verkoopramingen kunnen maken.

Projectdefinitie en projectspelers

Dit project wordt uitgevoerd, omdat veel verkopers ontevreden zijn over deze database, die als onbetrouwbaar wordt beschouwd door een gebrek aan updates. Het instrument stelt hen niet in staat de verkoop correct te voorspellen. Er worden talrijke interviews en studies gehouden om het project en ook de belangrijkste actoren te definiëren:

- Prioriteit wordt gegeven aan de identificatie van het probleem en de processen die nodig zijn om het beslissingsondersteunende instrument te verbeteren. In ons geval gaat het erom een betrouwbare manier te vinden om de toekomstige financiële belangen te voorspellen.

- Een instrument genaamd "stakeholderanalyse" (overgenomen uit de opleidingsmodule van de EU over technische samenwerking en belangenbehartiging) maakt het mogelijk een sjabloon op te stellen, waarin de verschillende spelers en/of afdelingen worden gepositioneerd: financiële afdeling, verkoopafdeling en IT-afdeling. De template wordt weergegeven door een raster dat de belanghebbenden organiseert volgens hun belangen en macht (laag tot hoog) en hun houding, invloed en belang voor de doelstelling bepaalt.

Om het project tot een goed einde te brengen, moet het bedrijf bovendien sommige afdelingen overtuigen – waaronder de IT-afdeling – die terughoudend zijn en dit een onnodige stap vinden.

Meten en analyseren van het vermogen van het proces

Voordat u een nieuw proces kunt definiëren, moet het team de verantwoordelijkheid nemen voor de database en de beschikbare informatie en stappen op een rijtje zetten. Met andere woorden: er moet een analyse worden gemaakt per product, productlijn, datum van verkoop, enz. om lacunes op te sporen en de kwaliteit van de gegevens te verbeteren.

Wij moeten dan intern informatie vinden (verkoop, voorraad, productkwaliteit, enz.). Het team dat aan het project werkt, haalt van honderd partijen gegevens op om ze te analyseren en om samen met de verkoopteams na te gaan welke onbetwistbaar betrouwbaar zijn.

Dit bepaalt een steekproef die overeenkomt met een representatief deel van de totale bevolking van het land waar het bedrijf is gevestigd, om de realiteit ter plaatse te observeren. Zo werken de Black Belts gedurende meerdere dagen samen met de verkoopteams om de gegevens handmatig te controleren en te vergelijken met de facturen. De bevindingen zijn niet onmiddellijk: onder de facturen kunnen er enkele ontbreken of onjuist zijn. Daarnaast is er een kans op duplicaten.

Het team is dan verantwoordelijk voor het bepalen van de huidige prestatie en de te bereiken prestatie door nieuwe maatregelen in te voeren via het Six Sigma-systeem. Concreet wordt gestreefd naar een correctie van 1,5 sigma, met een overgang van 4,5 naar 6 sigma.

Wij zien dat de overgang van 4,5 naar 6 sigma een aanzienlijke daling van het defectpercentage veroorzaakt, waarbij uiteindelijk een betrouwbaarheidspercentage van 99,99% wordt bereikt (d.w.z. het beroemde defectpercentage van 3,4 defecten per miljoen, uitgedrukt in volume hieronder).

Na bestudering van de gegevens stellen de deskundigen het belangrijkste gebrek vast dat de kwaliteit van de gegevens aantast, namelijk de onjuiste behandeling van het instrument door de verkopers. Dit is te wijten aan een reeks factoren:

- Te veel mensen kunnen informatie coderen, maar er wordt geen verantwoordelijkheid vastgesteld;
- constateren velen een gebrek aan belangstelling en onjuiste gegevens.

De databank, die vrij complex is, heeft te lijden onder verschuivingen en het onnauwkeurige gebruik door mensen die niet in dit soort instrumenten zijn opgeleid. Vervolgens hebben zij de mogelijkheden of bronnen van fouten gemeten:

- Onbekwame mensen die informatie invoeren;

- Onjuiste gecodeerde gegevens.

Aanbevelingen

Dit zijn de voorgestelde oplossingen:

- Toegangssessies tot de databank opzetten en de mensen aanwijzen die ervan kunnen profiteren;

- Bepaalde velden verplicht stellen voor de betrokkenen.

Om deze aanbevelingen toe te passen is een heroriëntatie van de teams nodig: alleen het team van verkopers heeft toegang tot de database, terwijl het IT-team verantwoordelijk is voor het definiëren van de vereiste velden door de gebruikers (verkopers). Het IT-team implementeert dan snel de vereiste tools, terwijl het verkoopteam terughoudender is. De manager van het IT-team zorgt vervolgens voor een stimuleringsregeling die neerkomt op een test (over een periode van twee maanden) waarbij de beste verkoper wordt geïdentificeerd (degene wiens kwaliteit van de gecodeerde datum beter is) en wordt beloond met een premie.

Toezicht op het nieuwe proces

Na deze test worden maatregelen genomen om de betrouwbaarheid van deze nieuwe methode van gegevenscodering te controleren. Daartoe behoren vele statistische instrumenten (zoals het gemiddelde en de standaardafwijking). Dit laatste onderdeel, dat zeer belangrijk is, wordt vaak over het hoofd gezien wegens tijdgebrek, hetgeen een aantal aanvankelijk goed uitgevoerde projecten ondermijnt.

SAMENVATTING

- Six Sigma is een statistische aanpak voor bedrijven. Het stelt klanten centraal om ze aan te trekken met een verbeterde productkwaliteit.

- Er zijn drie prioriteiten: klanten, werknemers en processen.

- Al dertig jaar gebruiken bedrijven als Motorola, General Electric, Kodak en SFR Six Sigma om hun bedrijf te verbeteren en een concurrentievoordeel te behalen of te behouden.

- Als de Six Sigma-doelstelling wordt gehaald, wat in de praktijk niet gebeurt, is er een bijna perfecte betrouwbaarheid: 3,4 defecten per één miljoen defect- kansen (dus 99,99% betrouwbaarheid).

- De Six Sigma-filosofie moedigt een voortdurende her- waardering aan die in de tijd wordt volgehouden (onophoudelijk streven naar perfectie).

- Het hele bedrijf moet deelnemen om de uitvoering van de methode te doen slagen.

- Six Sigma kan mislukken als je alleen naar de techni- sche aspecten kijkt (kostenvermindering, enz.).

- Als de verandering in het bedrijf niet goed wordt beheerd, blijven de mogelijke resultaten gering.

- Lean Six Sigma is een uitbreiding van de methode die zich meer richt op het productieproces.

- Als u het succes van de aanpak wilt garanderen, is het belangrijk om de stappen van de DMAIC-methodologie zorgvuldig te volgen.

- 28 -

VERDER LEZEN

BIBLIOGRAFIE

Ait Belkacem, E. H. (2005) *Puissance Six Sigma.* Parijs: Dunod.

Atmaca, E. en Gineres, S. S. (2013) Lean Six Sigma Methodologie en Toepassing. *Kwaliteit & Kwantiteit.* 47(4).

Berger, A. (2002) Six Sigma : un échelon en plus de la productivité? *Technisch dossier van het land Savoie.*

Eckes, G. (2001) *Objectif Six Sigma. De revolutie in kwaliteit.* Parijs: Pearson.

Kwak, Y. H. en Anbari, F. T. (2006) Benefits, Obstacles, and Future of Six Sigma Approach. *Technovation.* 6(5-6).

Larson, A. (2003) *Demystificatie van Six Sigma: een bedrijfsbrede benadering van continue verbetering.* Amacon: American Management Association.

Linderman, K., Schroeder, R. G., Zaher, S. en Choo, A. S. (2003) Six Sigma: a Goal-Theoretic Perspective. *Journal of Operation Management.* 21(2).

Pande, P. S., Neuman, R. P., en Cavanagh, R. R. (2000) *The Six Sigma Way. Hoe GE, MOTOROLA en andere topbedrijven hun prestaties verbeteren.* New-York: McGraw-Hill Companies.

Truscott, W. T. (2003) *Six Sigma: Voortdurende verbetering voor bedrijven.* Oxford: Butterworth Heinemann.

We horen graag van u! Laat
een reactie achter op jouw online bibliotheek
en deel je favoriete boeken op sociale media!

Master ISBN: 9782808063968
Papier ISBN: 9782808064255
Wettelijk depot: D/2022/12603/70

Digitaal ontwerp: Primento,
de digitale partner van uitgevers.